Fatti Sorprendenti per Adolescenti

Fatti interessanti che di sicuro non imparerai a scuola

Maia Bragallo

Tutti i consigli contenuti in questo libro sono stati attentamente considerati e rivisti dall'autore. Tuttavia, non è possibile fornire alcuna garanzia. Pertanto, l'autore declina ogni responsabilità per eventuali lesioni personali, danni alla proprietà o perdite finanziarie.

Edizione 2024

Introduzione

Sapevi che gli squali della Groenlandia non raggiungono la pubertà fino a circa 150 anni?

O che i primogeniti spesso ottengono punteggi significativamente più alti nei test del QI rispetto ai secondogeniti o ai terzogeniti?

In questo libro imparerai molti fatti interessanti e anche alcune nozioni inutili su argomenti che ti interessano davvero.

Usa le tue nuove conoscenze per guadagnare punti a scuola, con gli amici o alla prossima riunione di famiglia: non sarai mai a corto di argomenti di cui parlare.

Ci sono 336 informazioni divertenti su argomenti come i social media, gli influencer, la pubertà, la Generazione Z, la moda, i giochi, la tecnologia e molte altre aree interessanti della vita.

Quindi mettiti comodo, siediti e divora le informazioni contenute in questo libro, che probabilmente ti lascerà molte domande.

Categoria: Social Media

1. La piattaforma video TikTok è stata fondata nel 2016 e in precedenza era conosciuta come Musical.ly.

2. La companion app per la piattaforma TikTok è stata scaricata più di 3 miliardi di volte fino ad oggi.

3. Gli utenti di TikTok trascorrono in media circa 52 minuti al giorno sulla piattaforma. È un bel po' di tempo, non trovi?

4. Il senegalese-italiano Khabane Lame ha il maggior numero di iscritti a TikTok. Intrattiene oltre 162 milioni di utenti con parodie e video divertenti sulla piattaforma.
L'influencer statunitense Charli D'Amelio segue al secondo posto con 151 milioni di iscritti a TikTok.

5 La Cina ha la sua versione di TikTok. L'applicazione si chiama Douyin.

6 Il 16 luglio 2010 è stata pubblicata la prima immagine su Instagram. Si trattava della foto di un cane postata dal fondatore Kevin Systrom.

7 Un post su Instagram contiene in media 10,7 hashtag.

8 Tra tutti gli utenti di Internet negli Stati Uniti, molti utilizzano le seguenti piattaforme di social media: Facebook (74%), Instagram (60%), Facebook Messenger (60%), Twitter (42%), i Message (39%), Snapchat (37%) e Pinterest (37%).

9 Quando Snapchat è stata fondata nel 2011, si chiamava Picaboo. Sembra carino, vero?

10 In un sondaggio, il 60% degli utenti di Facebook ha dichiarato che cancellerebbe il proprio profilo se venisse pagato 500 dollari per farlo. Sei uno di loro?

11 Il pulsante "Mi piace" di Facebook doveva originariamente chiamarsi pulsante "Fantastico". Alla fine Marc Zuckerberg ha deciso di utilizzare il pulsante Mi piace.

12 Non è Kim Kardashian ad avere il maggior numero di follower su Instagram, ma il calciatore Cristiano Ronaldo. Ha 653 milioni di follower.

Categoria: Cellulari e Internet

1. Internet esiste dal 1969, quando due computer furono collegati per la prima volta attraverso una linea telefonica.

2. Tuttavia, il World Wide Web - o www. in breve - come lo conosciamo oggi è disponibile per tutti solo dal 1993.

3. Sapevi che circa il 92% delle ricerche mondiali proviene dal motore di ricerca Google? Altri motori di ricerca come Bing o Baidu non riescono a tenere il passo.

4. La cosiddetta Darknet non è gestita da server centrali e non può essere trovata dai motori di ricerca. È inoltre necessario il browser Tor darknet.

5. Sapevi che circa il 70% di tutte le e-mail inviate sono spam? Evviva un filtro antispam efficace.

6. Il primo video di YouTube è stato caricato dal fondatore Jawed Karim nel 2005 e si chiama "Me in the zoo". È ancora oggi online sul suo canale.

7. La password più comunemente utilizzata su Internet è: 123456 - non molto creativa o sicura.

8. Secondo lo sviluppatore di GIF, il formato di immagine si pronuncia "JIFF".

9 Il primo SMS è stato inviato nel 1992 e diceva "Buon Natale".

10 In Finlandia il lancio del cellulare è uno sport ufficiale.

11 Ci sono 18 volte più batteri sugli schermi degli smartphone che sulle tavolette del water. Piuttosto disgustoso, vero?

12 La paura di essere irraggiungibili durante gli spostamenti si chiama "nomofobia".

Categoria: Netflix & Co.

1. La società Netflix è stata fondata nel 1997. Tuttavia, lo streaming vero e proprio dei film è possibile solo dal 2007.

2. Il nome Netflix è composto dalle parole Net per Internet e Flicks per film, che si traduce in film su Internet.

3. I film e gli spettacoli su Netflix sono organizzati in oltre 76.000 categorie. Oltre alle categorie più popolari, come commedia e azione, ci sono anche categorie speciali, come i baffi da urlo.

4. Il 41% degli utenti non paga un centesimo a Netflix perché condivide il proprio account con qualcun altro.

NETFLIX

5 L'ultimo film in cui Walt Disney fu coinvolto fu Il libro della giungla. Dopo di che morì di cancro.

6 Quasi tutti i personaggi Disney sono orfani o semi-orfani, avendo perso uno o addirittura entrambi i genitori. Il motivo è che lo stesso Walt Disney perse la madre da bambino.

7 Walt Disney è la persona che ha vinto più Academy Awards. Ha ricevuto un totale di 26 Oscar durante la sua carriera.

8 A proposito, Meryl Streep ha vinto il maggior numero di Oscar per la sua recitazione. In totale ne ha vinti 14.

NETFLIX

9. Negli Stati Uniti, Netflix e Amazon Prime Video sono ugualmente popolari. Max segue al terzo posto.

10. Il primo video a superare il miliardo di visualizzazioni su YouTube è stato "Gangnam Style" di PSY nel 2010.

11. Il giorno del lancio, Disney+ ha registrato 10 milioni di nuovi abbonati.

12. Circa il 33% di tutte le attività online è costituito da streaming video.

NETFLIX

Categoria: Generazione Z

1. La generazione Z è molto attenta alla salute. Il 44% ha installato un'app di monitoraggio della salute sul proprio smartphone.

2. Il 40% degli adolescenti della Generazione Z gioca online ogni giorno.

3. La Generazione Z rappresenta il 22,6% della popolazione statunitense.

4. Il 53% dei giovani è stato convinto ad acquistare un prodotto da un influencer. Sei uno di loro?

5 La Generazione Z viene spesso definita "nativa digitale". Utilizzano in media 6 dispositivi multimediali. Anche tu ne hai così tanti?

6 I video più popolari della Gen Z su YouTube rientrano nelle categorie musica, clip divertenti e video di intrattenimento.

7 Quasi il 50% dei giovani ha almeno un genitore con un passato da immigrato. Come si presenta la situazione per te?

8 I giovani trascorrono in media 6-11 ore al giorno su un dispositivo multimediale. È un sacco di tempo, vero?

9 Il 37% di tutti gli adolescenti ha ricevuto una psicoterapia.

10 I membri della Generazione Z sono conosciuti colloquialmente come "zoomers".

11 Il 98% degli adolescenti possiede uno smartphone.

12 L'87% di tutti gli zoomatori possiede un iPhone.

Categoria: Musica

1. È stato dimostrato che ascoltare musica durante l'attività fisica migliora le prestazioni atletiche.

2. Per la canzone "Happy Birthday to you", Warner Music riceverà 5.500 dollari ogni giorno.

3. Se vuoi memorizzare qualcosa, evita la musica. È stato dimostrato che riduce la memorizzazione.

4. Se fai ascoltare l'heavy metal alle termiti, queste mangiano il legno due volte più velocemente. Pazzesco, vero?

5 Justin Bieber è stato scoperto nel 2008, quando aveva 13 anni, da un manager musicale che ha notato i suoi video su YouTube.

6 Sapevi che la musica ad alto volume ti fa bere di più? In uno studio, gli uomini hanno bevuto in media 15 minuti di birra senza musica. Con la musica ad alto volume, il tempo si riduceva a 12 minuti.

7 La canzone di maggior successo fino ad oggi è stata scritta da Bing Crosby nel 1942. Il singolo "White Christmas" ha venduto 50 milioni di copie.

8 La canzone "Umbrella" di Rihanna è stata originariamente scritta per Britney Spears.

9 Mozart aveva cinque anni quando compose la sua prima opera.
E tu cosa facevi a cinque anni? :)

10 A proposito di bambini di 5 anni, anche Michael Jackson ha iniziato la sua carriera all'età di 5 anni. Si esibì con i suoi fratelli come i Jackson 5.

11 A Brooklyn c'è una scuola superiore molto bella. È la scuola in cui sono andati a scuola Jay-Z, Busta Rhymes e Notorious BIG.

12 Sapevi che Elvis non ha scritto nessuna delle sue canzoni?

Categoria: scuola& istruzione

1. Ogni generazione di adolescenti ha il proprio slang giovanile. Nel 2023, frasi come Salty: Sono arrabbiato e Scommetto! Sì! sono all'ordine del giorno.

2. In Corea del Sud gli studenti sono tenuti a rimanere e ad aiutare a pulire la classe dopo le lezioni.

3. Quando i bambini iniziano la scuola in Germania, ricevono uno speciale cono di carta chiamato "Schultüte" pieno di caramelle.

4. Nei Paesi Bassi i bambini iniziano la scuola all'età di quattro anni. I bambini iniziano la scuola il giorno del loro compleanno e quindi non iniziano tutti lo stesso giorno.

5 Sapevi che le scuole tedesche offrono strani elettivi come la scienza delle api, il balletto acquatico o la crittologia?

6 Più di 32.000 studenti frequentano la Scuola Montessori di Lucknow, in India, che è la scuola più grande del mondo.

7 La scuola più piccola del mondo si trova a Torino, in Italia. Ha un solo studente. Piuttosto solitaria, vero?

8 In Russia la scuola inizia sempre il 1° settembre, il cosiddetto Giorno della Conoscenza. Non importa se questo giorno cade in un giorno feriale o nel weekend.

9 La tesi più breve è stata presentata da uno studente di medicina di Münster, in Germania. Si trattava di sole tre pagine di testo più una tabella e una figura.

10 In Germania è possibile frequentare corsi curiosi come "Scienze Applicate al Tempo Libero" o "Igiene Personale per Insegnanti".

11 La più grande università americana è la Texas A&M University con oltre 70.000 studenti.

12 La più antica università degli Stati Uniti si trova a Cambridge. L'Università di Harvard è stata fondata nel 1636.

Categoria: Sport

1. Uno spot di 30 secondi nel Super Bowl del 2023 costerà circa 7 milioni di dollari. Per il Super Bowl del 2021, il prezzo per un mezzo minuto era di 5,6 milioni di dollari.

2. Ben 46.001 flessioni in un solo giorno: è un record mondiale. Tu quante ne sai fare?

3. Miguel Indurain, vincitore del Tour de France, ha una frequenza cardiaca a riposo di 28 battiti al minuto. La frequenza cardiaca media a riposo è di 60-80 battiti al minuto.

4. In media, una partita di calcio dura tre ore. Tuttavia, il tempo effettivo in cui la palla viene mossa è di soli undici minuti.

5 Il nome del club sportivo più comune al mondo è "Dynamo".

6 Il giocatore di basket più basso dell'NBA era Tyrone Bogues, alto solo 160 cm.

7 Ogni 10 anni perdiamo 3 kg di muscoli. Ecco perché è importante intervenire tempestivamente.

8 Il muscolo più forte del tuo corpo è il massetere. Ha una forza di morso di 80 kg.

9 L'etiope Abebe Bakila vinse la medaglia d'oro nella corsa ai Giochi Olimpici del 1960. Durante la gara non indossò scarpe.

10 A proposito di piedi nudi, poiché la FIFA non permise alla nazionale indiana di giocare a piedi nudi, il paese annullò la sua partecipazione alla Coppa del Mondo del 1950.

11 Il colore della maglia è importante: 15 degli ultimi 18 campioni della NFL hanno indossato maglie bianche in finale. Più recentemente, due di fila!

12 I ciclisti professionisti si depilano spesso le gambe. In questo modo risparmiano un secondo ogni 10 km.

Categoria: Cibo e bevande

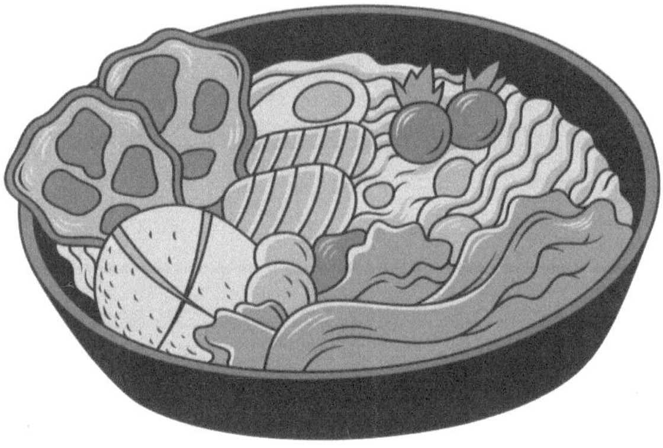

1. Le bustine di tè sono fatte con le fibre delle foglie della pianta di banano.

2. Nel mondo ci sono più persone in sovrappeso che sottopeso.

3. Un cetriolo è composto per il 96% di acqua. Un cocomero, invece, è composto per il 92% di acqua.

4. I biscotti della fortuna cinesi sono stati inventati negli Stati Uniti.

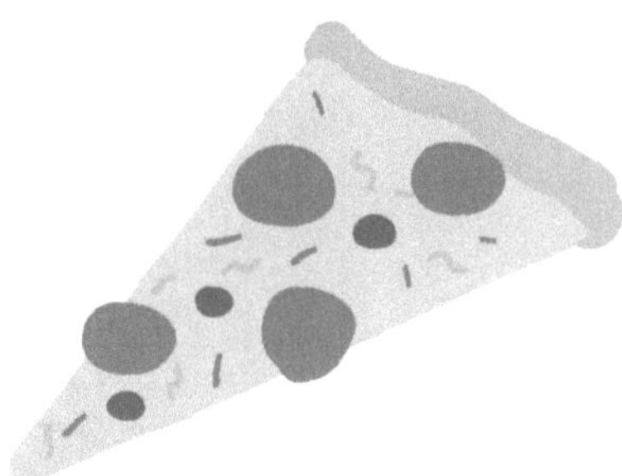

5 Più sei ubriaco, più trovi brutte le altre persone. Quindi non puoi bere per farti bello o bella.

6 La coca cola può essere usata per sciogliere la ruggine.

7 Le fragole vengono ora coltivate in Groenlandia. La colpa è del cambiamento climatico.

8 Gli Stati Uniti sono il secondo consumatore di cioccolato al mondo, dopo la Svizzera. L'americano medio mangia circa 19,8 libbre di cioccolato all'anno, ovvero circa 3 tavolette di cioccolato a settimana.

9 Il cervello umano reagisce allo zucchero in modo simile alla cocaina.

10 La quantità di vitamina C contenuta in 100 g di salame è quattro volte superiore a quella contenuta in 100 g di mela.

11 Gli eschimesi usano i frigoriferi per evitare che il cibo si congeli.

12 Lo stato della Florida è il principale produttore di arance degli Stati Uniti e il secondo produttore al mondo (dopo il Brasile).

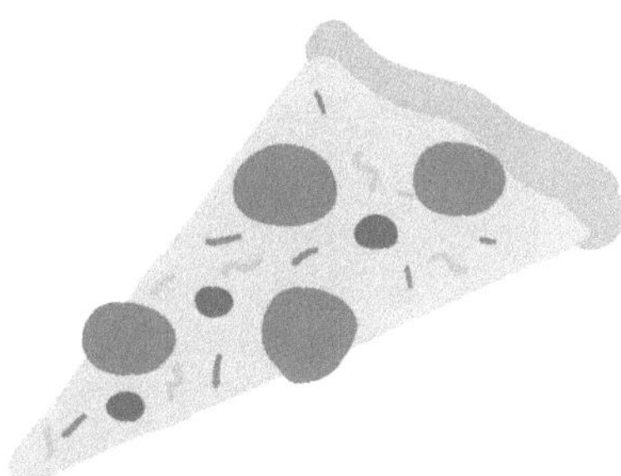

Categoria: Intorno al mondo

1. Amburgo ha più di 2.500 ponti. Sono più di Venezia e Amsterdam messe insieme.

2. Ogni giorno vengono gettati circa 3.000 dollari nella Fontana di Trevi a Roma.

3. Ci sono più irlandesi che vivono fuori dall'Irlanda che in Irlanda stessa. La maggior parte di loro vive negli Stati Uniti.

4. Ci vorrebbero 18 mesi per percorrere l'intera lunghezza della Grande Muraglia Cinese.

5 In Tagikistan, il monociglio (sopracciglia continue) è considerato l'ideale di bellezza per eccellenza.

6 A Dubai ci sono dei distributori d'oro. Se hai gli spiccioli, puoi ottenere dei veri lingotti d'oro.

7 Oimjakon, in Russia, è il luogo abitato più freddo del mondo. In inverno raggiunge i -70 gradi.

8 Il Liechtenstein è un paese largo solo 4 km e lungo 25 km. Quindi puoi girarlo a piedi in un giorno.

9 In media, i francesi mangiano circa 500 lumache all'anno. Piuttosto disgustoso, vero?

10 Ci sono più negozi di kebab a Berlino che a Istanbul.

11 In Islanda non ci sono zanzare. Un paese fantastico :)

12 Il più grande paese senza fiume è l'Arabia Saudita.

Categoria:
Moda

1. L'americano medio ha 95 capi di abbigliamento nell'armadio (esclusi calzini e biancheria intima). Tu ne hai così tanti o di più?

2. Per produrre un paio di jeans vengono utilizzati 7.000 litri di acqua.

3. Il logo aziendale di Nike è costato all'azienda solo 35 dollari. Uno studente universitario lo ha disegnato nel 1971.

4. Coco Chanel è solo un nome d'arte. Il vero nome di battesimo della famosa stilista era Gabrielle.

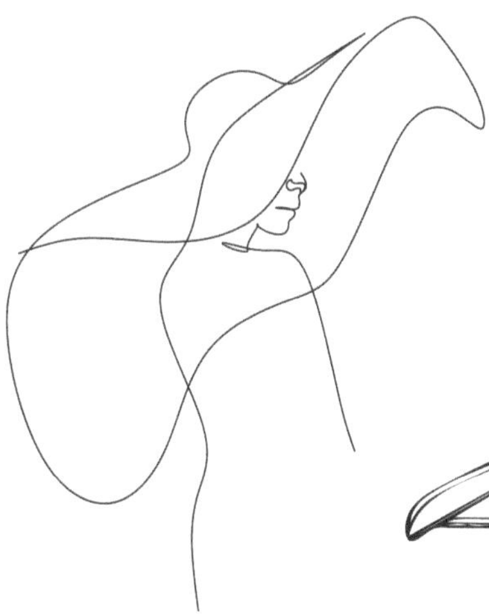

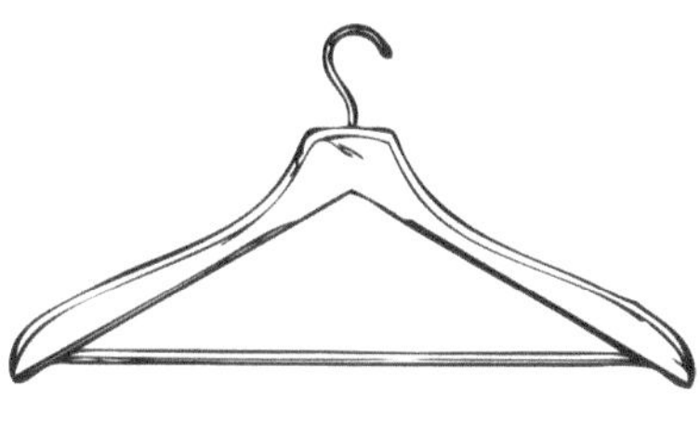

5. Ogni anno ci sono più di 100 settimane della moda. Le più importanti si svolgono a New York, Milano e Parigi.

6. Una donna media acquista 145 borse nella sua vita.

7. Un indumento in poliestere impiega 200 anni per biodegradarsi completamente.

8. La guanina viene utilizzata come ingrediente per gli ombretti o gli smalti luccicanti. È una squama di pesce.

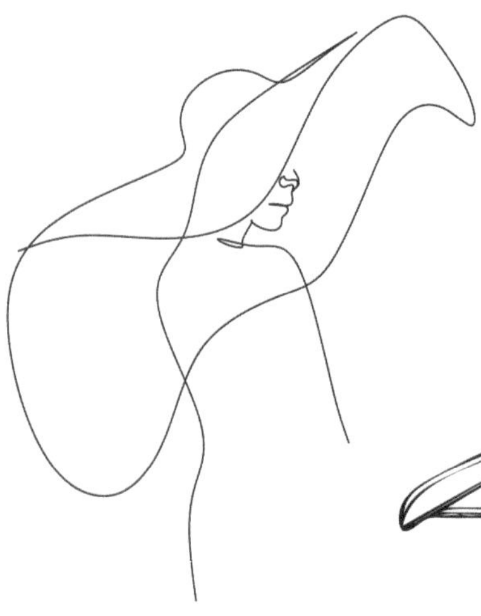

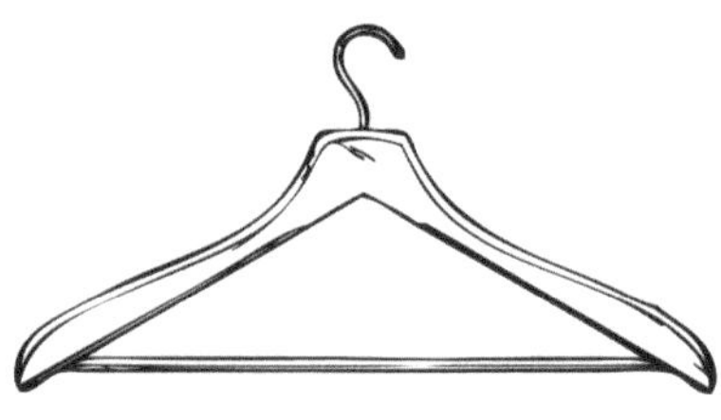

9 Il primo paio di jeans Levi's è stato venduto nel 1853 al prezzo di 6 dollari, che all'epoca erano un sacco di soldi.

10 Il 74% di tutti gli stilisti sono donne.

11 Il marchio di moda di maggior valore al mondo è Louis Vuitton, con un valore del marchio di 36,8 miliardi di dollari.

12 Nel Rinascimento era considerato bello non avere le sopracciglia. A quei tempi venivano semplicemente rasate. Basta guardare il dipinto della Monna Lisa.

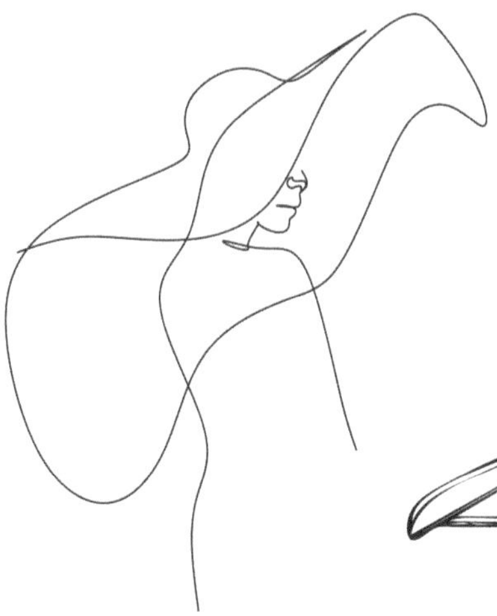

Categoria: Tecnica

1. La prima sveglia mai inventata poteva suonare solo ad un'ora: le 4 del mattino.

2. Il primo semaforo al mondo fu installato a Londra nel 1868. Poiché era alimentato a gas, alla fine esplose.

3. La prima macchina fotografica impiegava 8 ore per scattare una foto. Ecco perché all'epoca nessuno rideva nelle foto.

4. Oltre il 90% del denaro mondiale è ormai solo digitale.

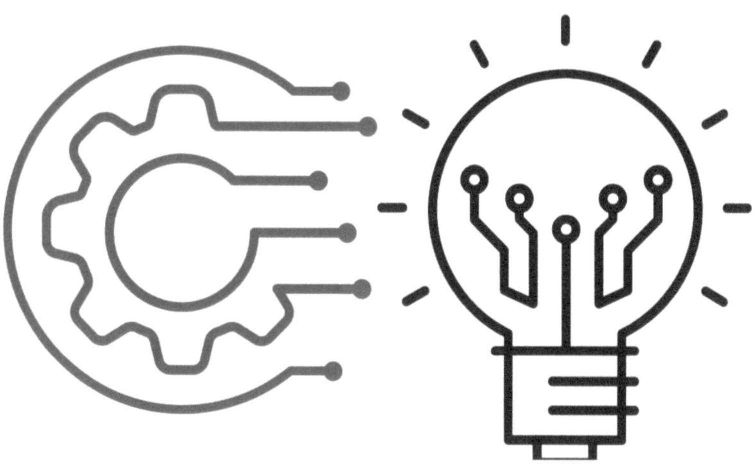

5 Vivi sempre nel passato. Perché ci sono 80 millisecondi tra ciò che accade e la tua coscienza.

6 La velocità di lettura su uno schermo è circa il 10% più lenta rispetto a quella su un foglio di carta.

7 Microsoft e Google hanno una cosa in comune. Entrambe sono nate in un garage.

8 Il gruppo Amazon è stato fondato da Jeff Bezos come Cadabra Inc.

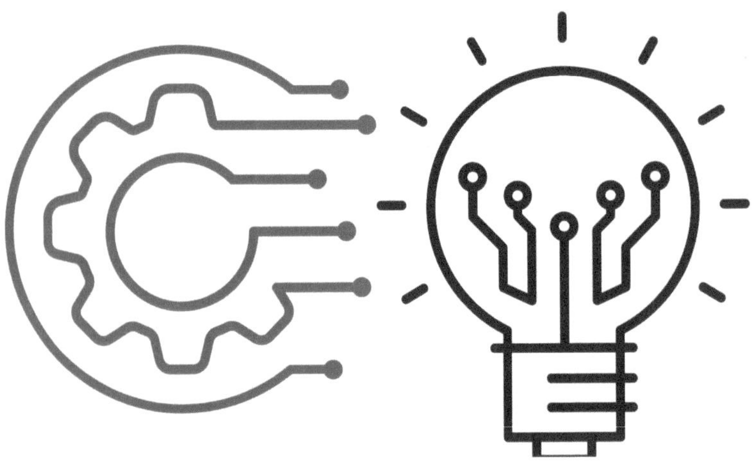

9 Più telefoni cellulari che bagni: Circa 6 miliardi di persone hanno un telefono cellulare, mentre solo 4,5 miliardi hanno un bagno.

10 Il termine robot deriva dal termine ceco che indica il lavoro forzato.

11 Nel 1974 è stato messo in funzione il primo scanner di codici a barre. Il primo prodotto scansionato fu un pacchetto di gomme da masticare.

12 I chirurghi che in gioventù hanno giocato spesso al computer hanno commesso il 37% di errori in meno rispetto al gruppo di confronto.

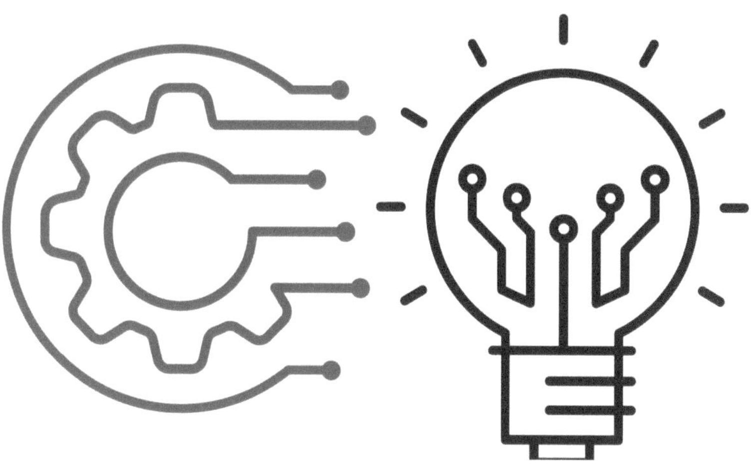

Categoria: genitori e bambini

1. In media, un bambino di 4 anni fa 437 domande al giorno. Sono tante, vero?

2. I neonati non possono ancora piangere con le lacrime. Non funzionano fino a circa 3 settimane.

3. I neonati sono daltonici e in genere hanno la vista offuscata.

4. I primi nati spesso ottengono punteggi più alti nei test del QI rispetto ai secondi o terzi nati.

5 Il padre più anziano aveva 96 anni quando è nato il suo bambino.

6 A Bali i bambini non possono toccare terra fino ai 3 mesi di vita per motivi religiosi.

7 I bambini con genitori severi sono più propensi a mentire perché hanno paura di dire la verità.

8 Ad oggi, non esiste un test di paternità in grado di determinare chiaramente chi sia il padre quando il padre è un gemello identico.

9 I fratelli più giovani sono spesso più propensi al rischio e più coinvolti in sport estremi rispetto ai fratelli maggiori.

10 In media, i fratelli litigano circa 3,5 volte all'ora.

11 I bambini nascono senza rotula. Si forma solo nei primi 3 anni di vita.

12 A 7 mesi, i bambini possono respirare e deglutire allo stesso tempo. Provaci.

Categoria: Animali

1. I fenicotteri non sono rosa per natura. Diventano rosa solo perché mangiano granchi.

2. I delfini danno ai loro amici nomi individuali quando li chiamano.

3. Le tigri non solo hanno la pelliccia a strisce, ma anche la pelle a strisce.

4. Le formiche sono veri e propri animali da lavoro, perché non dormono mai.

5 Le aragoste hanno il sangue blu. Gli insetti hanno sangue giallo e i mammiferi hanno sangue rosso.

6 Uno scarafaggio può addirittura sopravvivere per una settimana senza la testa. Piuttosto spaventoso, vero?

7 I gatti dormono molto. Trascorrono circa due terzi della loro vita dormendo.

8 Le libellule hanno una durata di vita molto breve. In media vivono solo 24 ore.

9 I calamari hanno tre cuori.

10 Le cozze hanno due sessi e possono cambiare sesso più volte nel corso della loro vita.

11 Un uovo al giorno? Non proprio. Le galline depongono in media 300 uova all'anno.

12 In media, in un materasso ci sono circa 6 miliardi di acari. Gustoso!

Categoria: Influencer

1 Gli influencer di maggior successo su YouTube sono T-Series, Mr. Beast e Cocomelon.

2 Gli influencer di maggior successo su Instagram sono Kylie Jenner e Selena Gomez.

3 Puoi iniziare a guadagnare con soli 1.000 follower. Perché allora sei considerato un micro-influencer.

4 Già il 20% degli utenti di Internet ha acquistato qualcosa perché un influencer lo ha promosso.

5. Lavorare con gli influencer è particolarmente redditizio per le aziende. Per ogni dollaro USA speso in pubblicità sugli influencer, le aziende ottengono un ritorno di 5,61 dollari.

6. Chiara Ferragni ha un valore stimato di 11 milioni di dollari.

7. Il 70% dei giovani si fida di più degli influencer che delle star tradizionali.

8. Alcune aziende sono esse stesse influencer. Red Bull, ad esempio, ha più di 5 milioni di iscritti su YouTube.

9 I marchi di moda più popolari su Instagram sono Fashion Nova, Zara e LiketoKnow.it.

10 Kayla Itsines è una delle influencer di fitness più importanti degli Stati Uniti. 16 milioni di persone la seguono su Instagram.

11 Barack Obama ha il maggior numero di follower in politica. 36,7 milioni di persone lo seguono su Instagram.

12 Ryan Kaji è uno dei più giovani influencer al mondo. All'età di 8 anni guadagnava già 26 milioni di dollari all'anno grazie al suo canale YouTube.

Categoria: Pubertà

1. Al giorno d'oggi, le ragazze raggiungono la pubertà a circa 10 anni e i ragazzi a 12 anni. Il sovrappeso può far sì che la pubertà inizi prima.

2. Nel XIX secolo, le ragazze avevano il primo ciclo mestruale a un'età media di 17 anni. Oggi lo fanno a 13/14 anni. Il motivo è il miglioramento del tenore di vita.

3. Anche la maggior parte degli animali attraversa la pubertà. Gli squali della Groenlandia lo fanno piuttosto tardi. Diventano sessualmente maturi solo all'età di circa 150 anni.

4. I ricercatori hanno scoperto che i cani diventano meno obbedienti durante la pubertà. Ti ricorda qualcosa?

5. La maggior parte degli animali che raggiungono la pubertà interrompono completamente i contatti con i genitori.

6. Durante l'adolescenza, il cervello umano è in fase di costruzione. Alcune aree del cervello si espandono, si ricablano o si spengono completamente.

7. A causa dei cambiamenti cerebrali, gli adolescenti sono spesso più impulsivi e propensi al rischio rispetto agli adulti.

8. I giovani sono sempre stanchi perché la sonnolenza naturale si sposta verso mezzanotte. Chi si sveglia presto dorme troppo poco.

9 In media, la pubertà dura fino ai 21 anni. Per molti è il momento in cui la crescita in altezza è completa.

10 Non solo la voce dei ragazzi si approfondisce. Questo cambiamento può essere osservato anche nelle ragazze. Ma non nella stessa misura.

11 L'acne non è causata da una dieta poco sana o da una scarsa igiene. La colpa è degli ormoni che producono troppo sebo e ostruiscono i pori.

12 Gli adolescenti sudano più spesso durante la pubertà. Anche questo è dovuto agli ormoni.

Categoria: Medicina

1. Alcune persone portano il cuore sul lato destro. Questo fenomeno riguarda circa l'1% della popolazione.

2. Durante il giorno ci rimpiccioliamo. La sera siamo più piccoli di circa 2 cm rispetto al mattino perché i dischi della colonna vertebrale vengono compressi.

3. Esistono anche molti disturbi d'ansia conosciuti in modo strano. La caliginefobia è la paura delle belle donne.

4. Non solo le persone possono essere allergiche ai gatti. Anche lo 0,5% di tutti i gatti domestici è allergico all'uomo.

5 Circa 1 miliardo di batteri vivono sui denti non lavati. Piuttosto disgustoso, vero?

6 Il pollice è lungo quanto il naso. Misuratelo!

7 Il cervello umano ha una capacità di memoria di circa 4 terabyte.

8 A volte le persone muoiono quando si tagliano con la carta. Il motivo è l'infezione del taglio e il conseguente avvelenamento del sangue.

9. Quando una persona nasce, ha 300 ossa nel corpo. Quando è completamente cresciuto, ne ha solo 206. Durante la vita, alcune ossa si fondono insieme.

10. Gli uomini hanno 10 volte più probabilità di essere daltonici rispetto alle donne.

11. I vermi sono talvolta utilizzati a scopo medico. Mangiano la carne vecchia dalle ferite aperte e aiutano la ferita a guarire.

12. Le unghie delle mani crescono tre volte più velocemente di quelle dei piedi.

Categoria: Corona

1. Corona è una parola spagnola che significa corona. Il patogeno presenta una sorta di corona al microscopio. Dove il nome.

2. Durante la Crisi della Corona, le previsioni meteorologiche erano meno accurate. Il motivo era la mancanza di aerei nei cieli. Questi forniscono dati meteo ai meteorologi.

3. Durante il blocco di Corona, il traffico di WhatsApp è aumentato del 500%.

4. La quota dell'e-commerce passerà dal 13,4% nel 2019 al 18,3% nel 2021, accelerando il trend degli acquisti online nella pandemia.

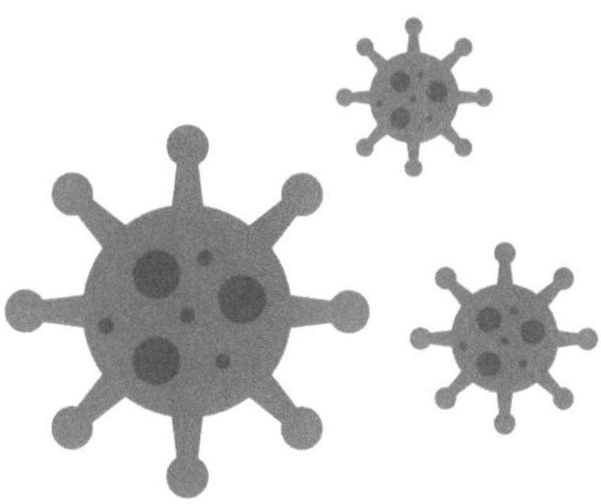

5 Poiché la qualità dell'aria è migliorata durante la pandemia, è stato possibile vedere l'Himalaya dall'India. La distanza che li separa è di circa 200 km in linea d'aria.

6 Durante la pandemia, la domanda di cuccioli aumentò notevolmente. Poiché le persone stavano a casa e lavoravano da casa, molte famiglie decisero di adottare un cane.

7 A causa dell'isolamento, il consumo di acqua nelle abitazioni degli Stati Uniti è diminuito del 10%. A quanto pare le persone facevano meno docce :)

8 A causa della ridotta mobilità durante la pandemia, gli incidenti stradali sono diminuiti del 26%.

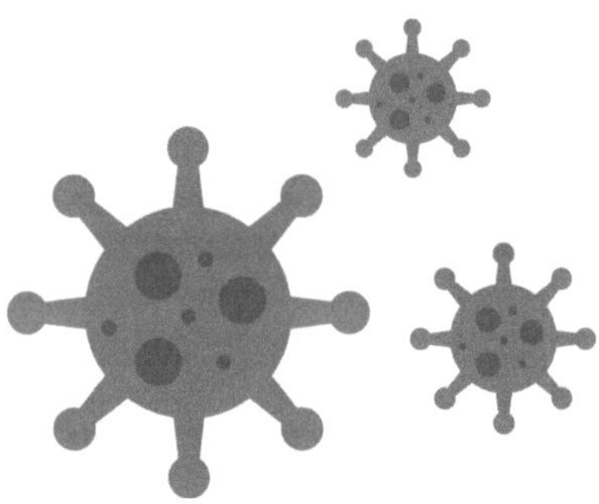

9 Lavorare da casa può ridurre i gas serra di 54 milioni di tonnellate. Ora c'è un motivo per lavorare da casa.

10 La parola dell'anno 2020 è Covid.

11 La pandemia ha portato a un aumento delle malattie mentali. Solo nel 2020 i casi di depressione e ansia aumenteranno del 25%.

12 Il 10% di tutte le persone negli Stati Uniti va in bicicletta più di quanto facesse prima della crisi.

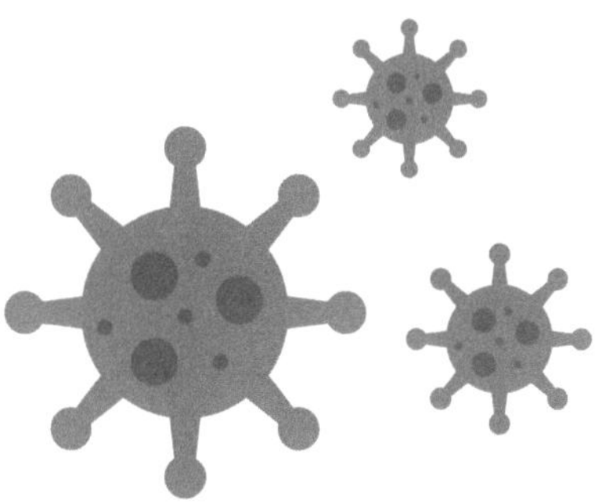

Categoria: Vita quotidiana

1. Ogni giorno, 27.000 alberi vengono gettati nel water sotto forma di carta igienica.

2. Un foglio di carta può essere piegato a metà non più di 9 volte. Perché non ci provi?

3. Gli esseri umani respirano attraverso una sola narice alla volta. La narice attraverso cui respiriamo cambia ogni 15 minuti circa.

4. Non è possibile tenere gli occhi aperti mentre si starnutisce.

everyday

5 Statisticamente, gli uomini sposati tendono a dormire sul lato destro del letto.

6 In media, 100 persone all'anno muoiono soffocate da una penna a sfera.

7 Il rivestimento dello stomaco lo protegge dalla digestione.

8 Ogni anno, migliaia di persone mancine vengono uccise da oggetti destrorsi.

everyday

9 Circa l'85% delle persone sa arrotolare la lingua. Tu ci riesci?

10 Secondo uno studio, il 90% delle donne che entrano in un grande magazzino gira a destra.

11 Il 40% degli uomini, ma solo il 16% delle donne, si siede sulla tavoletta del water nei bagni pubblici.

12 Anatomicamente, gli esseri umani non possono dormire con gli occhi aperti.

everyday

Categoria: Universo

1. Rispetto alla Terra, la Luna è minuscola. Ha circa lo stesso volume dell'Oceano Pacifico.

2. Rispetto al Sole, la nostra Terra è un piccolo uomo. Questo perché la Terra entra più di un milione di volte nel sole.

3. Senza una tuta, una persona potrebbe sopravvivere nello spazio solo per circa 2 minuti.

4. La Terra ruota intorno al sole più lentamente ogni anno. Pertanto, ogni anno sarà più lungo di un secondo rispetto all'anno precedente.

5 La Terra è l'unico pianeta in cui il fuoco può bruciare. Questo perché sugli altri pianeti non c'è abbastanza ossigeno.

6 Ad eccezione della Terra, tutti i pianeti del nostro sistema solare sono stati chiamati con il nome di un dio.

7 La luce impiega 8 minuti per viaggiare dal Sole alla Terra.

8 Il nostro sole è in realtà bianco. Solo attraverso l'atmosfera appare giallo ai nostri occhi.

9 Una tuta spaziale costa in media 11 milioni di dollari.

10 Le impronte sulla Luna non possono scomparire perché non c'è vento che smuova la sabbia.

11 Tra 7,4 miliardi di anni, il sole inghiottirà la Terra mentre la sua superficie continua a espandersi.

12 Nello spazio c'è un silenzio assoluto. Questo perché c'è il vuoto.

Categoria: Lavoro

1. Ci sono molte professioni strane al mondo. Uno di questi è lo scrittore di biscotti della fortuna.

2. Il pilota e il copilota non mangiano mai lo stesso cibo a bordo. In questo modo, non possono prendere entrambi un'intossicazione alimentare.

3. Se lavori 40 ore a settimana fino a 65 anni, avrai lavorato 90.000 ore nella tua vita.

4. Il lunedì è il giorno di malattia più comune della settimana lavorativa.

5 La settimana lavorativa standard nei Paesi Bassi è di sole 30 ore. È un buon motivo per emigrare, no?

6 Il 25% del tempo di lavoro viene speso dagli impiegati per leggere e rispondere alle e-mail.

7 Il martedì è statisticamente il giorno più produttivo della settimana.

8 I dipendenti ben riposati che dormono dalle 7,5 alle 9 ore a notte sono il 20% più produttivi.

9 Un'adeguata idratazione può aumentare la produttività dei lavoratori del 14%.

10 Circa il 40% di tutte le riunioni aziendali in America sono giudicate improduttive dai partecipanti. Una vera e propria perdita di tempo, non trovi?

11 Un dipendente su cinque ha già dato le dimissioni all'interno dell'azienda.

12 Un dipendente su tre si sente esausto e lavora allo stremo. È un dato piuttosto triste.

Categoria: Storia

1. Durante la Seconda Guerra Mondiale era possibile sposarsi anche se uno dei due partner non era presente. L'uomo che aveva combattuto in guerra veniva simbolicamente sostituito da un elmetto d'acciaio durante la cerimonia nuziale.

2. Negli Stati Uniti i bambini potevano essere spediti per posta fino al 1914.

3. Nell'antichità il ginnasio non era una scuola, ma un luogo dove si faceva ginnastica nudi.

4. Se una donna tedesca sposava uno straniero prima del 1953, perdeva automaticamente la cittadinanza tedesca.

5 Una pioggia costante da aprile a novembre sembra terribile? Ma è quello che succedeva in gran parte dell'Europa nel 1315.

6 La Torre Eiffel fu costruita nel 1889 per l'Esposizione Universale. All'epoca era prevista la sua demolizione.

7 I tacchi alti venivano indossati solo dagli uomini per sembrare più alti. Solo nel XVII secolo le donne iniziarono a indossare scarpe col tacco.

8 Cleopatra era greca, non egiziana.

9 Nel 1664, New Amsterdam fu ribattezzata New York. Questo è ancora oggi il nome della città.

10 Il colore dell'amore nel Medioevo era il verde.

11 Nel 1867, gli Stati Uniti acquistarono lo stato dell'Alaska dalla Russia per 7,2 milioni di dollari.

12 Adolf Hitler fu nominato "Persona dell'anno" dalla rivista Time nel 1938.

Categoria: Italia

1. L'Italia è uno dei paesi più giovani dell'Europa occidentale.
L'Italia ha una delle storie più lunghe d'Europa, ma è un paese solo dal 1861.

2. L'ultimo re italiano ha governato per soli 36 giorni. Dopo la seconda guerra mondiale il paese votò per diventare una repubblica e il re Umberto II governò solo dal 9 maggio al 12 giugno 1946.

3. Carlo Collodi scrisse la leggendaria storia di Pinocchio nel 1880. Originariamente fu pubblicata a puntate sul giornale per bambini Gioniale per i Bambini.

4. L'Italia ha 55 siti del patrimonio mondiale, più di qualsiasi altra parte del mondo. Coprono l'intero territorio nazionale e vanno dall'Etna al Colosseo.

5 L'età media dell'Italia è di 45,7 anni, il che la rende la popolazione più anziana d'Europa. In termini mondiali, solo il Giappone ha una popolazione più anziana.

6 Le prime batterie sono state inventate in Italia nel 1800 da Alessandro Volta, l'uomo da cui prende il nome il "volt".

7 Colombo ha navigato sotto la bandiera spagnola, ma in realtà era italiano, nato a Genova nel 1451.

8 La pasta risale al 4 a.C. in Italia. E le pitture murali pre-romane raffigurano persino quelle che si pensa siano le prime attrezzature per fare la pasta.

9 Ogni anno in Italia si consumano 14 miliardi di espressi.

10 L'Italia è il maggior produttore di vino al mondo. L'Italia produce circa 54.800 ettolitri di vino all'anno rispetto ai 49.000 ettolitri prodotti dalla Francia.

11 La prima banca fondata in Italia. La Banca di San Giorgia è stata un'altra prima mondiale italiana, aperta a Genova nel 1149.

12 Gli italiani pensano che porti sfortuna mettere il pane a testa in giù sul tavolo. Gli storici suggeriscono che questa antica superstizione sia nata dal fatto che il pane dato ai boia delle città nel Medioevo veniva sempre messo a testa in giù.

Categoria: fun

1. In svedese, la madre è Mor. Poi la nonna è Mormor e la bisnonna è Gammelmormor.

2. Quando le mucche mangiano molte carote, il loro latte diventa rosa.

3. I Froot Loops hanno tutti lo stesso sapore nonostante i loro diversi colori.

4. Il Papa ha l'account Twitter più influente.

5 In olandese, il bruco si chiama "Rupsje Nooitgenoeg". Sembra molto carino, vero?

6 Le foche possono ridere per ore con i loro amici. Una specie allegra, quindi.

7 Il vero nome di Minnie Mouse è Minerva Mouse. Quindi Minnie è l'abbreviazione di Minerva.

8 Potresti riempire due piscine con lo sputo che produci in una vita. Gustoso, vero?)

9 In Florida è illegale fischiare sott'acqua. Hai mai provato?

10 Se una persona continuasse a crescere allo stesso ritmo del primo anno di vita, alla fine della fase di crescita sarebbe alta circa cinque metri.

11 A Daytona (USA) non è consentito molestare sessualmente i bidoni della spazzatura.

12 L'animale araldico della Scozia è l'unicorno.

Categoria:
Calcio

1. Solo 8 paesi al mondo hanno mai vinto la Coppa del Mondo. Il primato spetta al Brasile con 5 titoli.

2. Solo nel 1896 un campo da calcio in Germania doveva essere libero da alberi.

3. In media, un giocatore di calcio percorre 11 chilometri durante i 90 minuti di una partita.

4. Il calcio è stato inventato tra il 206 a.C. e il 220 d.C. in Cina.

5 Il trofeo del vincitore della Coppa del Mondo è così prezioso che deve essere restituito alla FIFA dopo la cerimonia di vittoria. I giocatori ne ricevono una replica.

6 I giocatori di calcio professionisti hanno una probabilità tre volte maggiore di sviluppare la demenza rispetto alla popolazione generale. Il motivo è l'elevato numero di colpi di testa che possono danneggiare il cervello.

7 Il cartellino rosso è stato introdotto per la prima volta durante la Coppa del Mondo del 1970 in Messico.

8 Il Bayer Leverkusen è chiamato "Neverkusen" in Inghilterra e "las Aspirinas" (dal nome dell'antidolorifico aspirina) in Spagna.

9 Il trofeo del campionato DFB ha un valore materiale di 25.000 euro.

10 Il Real Madrid non perde una partita in casa da 8 anni e 8 giorni. Solo il Barcellona ha battuto questo record.

11 Esiste un Museo di Christiano Ronaldo a Funchal, Madeira. Christiano Ronaldo stesso lo ha inaugurato nel 2013.

12 Il soprannome della nazionale australiana è Socceroos.

Categoria: Festa

1 La festa da ballo più lunga di tutti i tempi è durata 55 ore e si è svolta a Wexford, in Irlanda.

2 I coriandoli risalgono al XVIII secolo. All'epoca, le persone lanciavano piccoli pezzi di caramelle alle feste. Oggi si lanciano pezzetti di carta.

3 Fin dal 14° secolo, il nuovo anno è stato festeggiato con forti rumori. In origine, le persone volevano spaventare gli spiriti maligni dell'anno precedente durante la notte di Capodanno.

4 Il più grande tea party di sempre si è tenuto a Indore, in India, con 32.681 bevitori di tè.

5 Il Sultano del Brunei ha speso 27,2 milioni di dollari per la sua festa di 50° compleanno - 16 milioni di dollari sono stati pagati a Michael Jackson per la sua esibizione.

6 La tradizione di mettere le candele su una torta deriva dai Greci. Volevano creare un effetto luminoso per le loro torte a forma di luna. Così vennero aggiunte le candele.

7 Il record mondiale di limbo è di 16,5 cm di altezza del palo.

8 Un tappo di champagne può uscire da una bottiglia a una velocità di 40 km/h.

9 Chi compie 100 anni in Germania riceve una cartolina di congratulazioni dal Presidente federale.

10 Se vuoi flirtare a una festa, parla di viaggi. Statisticamente, questo è l'argomento di flirt di maggior successo.

11 Statisticamente, il tempo è solitamente peggiore nei fine settimana che nei giorni feriali. In qualche modo lo abbiamo sempre saputo, no?

12 Se ci sono più di 23 invitati a una festa, c'è una probabilità superiore al 50% che due di loro compiano gli anni lo stesso giorno.

Categoria: Videogiochi

1. In origine Super Mario doveva chiamarsi in un altro modo. La prima versione del suo nome era Mr. Video. Poi fu ribattezzato Jumpman. Infine, il capo di Nintendo lo chiamò Super Mario.

2. Un gioco di Animal Crossing per Game Cube può richiedere fino a 29 anni per essere completato. Chi ha tutto questo tempo?

3. Il gioco per computer più venduto è Tetris. Il gioco online più venduto è Minecraft.

4. Il danese Johan Sundstein è il giocatore online più pagato. Ha guadagnato un totale di 7 milioni di dollari in vincite ai tornei.

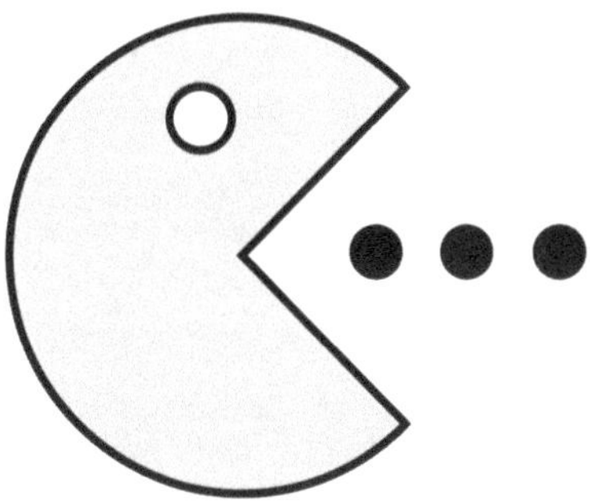

5 La parola "cazzo" viene usata spesso in Grand Theft Auto: San Andreas. La sentirai 365 volte.

6 Il gioco "Final Fantasy" è stato chiamato così perché l'inventore pensava che sarebbe stato l'ultimo gioco della sua azienda in bancarotta. Sbagliando di grosso :).

7 Luigi, l'amico di Super Mario, si chiama così perché il nome deriva dalla parola giapponese "ruiji", che significa simile.

8 Nel gioco Borderlands ci sono oltre 16 milioni di armi che puoi collezionare.

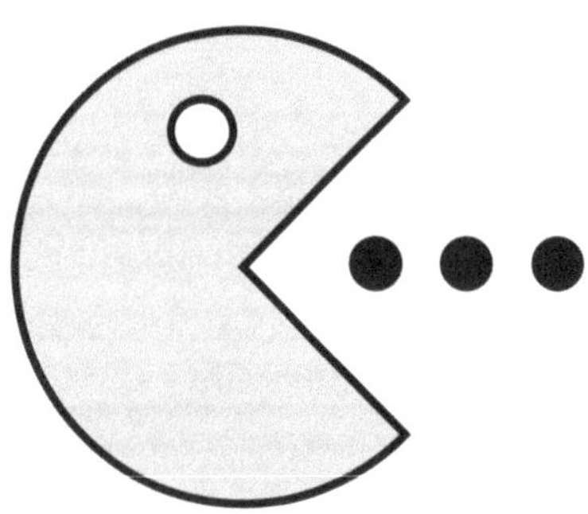

9 Snake è stato il primo gioco mobile al mondo.

10 Esistono 896 Pokémon e 18 tipi diversi di Pokémon.

11 La Playstation 2 è la console più venduta di tutti i tempi. Sono state vendute quasi 157 milioni di unità in tutto il mondo.

12 I giocatori tedeschi sono al primo posto per quanto riguarda il tempo trascorso a giocare. In media, i giocatori trascorrono 8 ore a settimana a giocare.

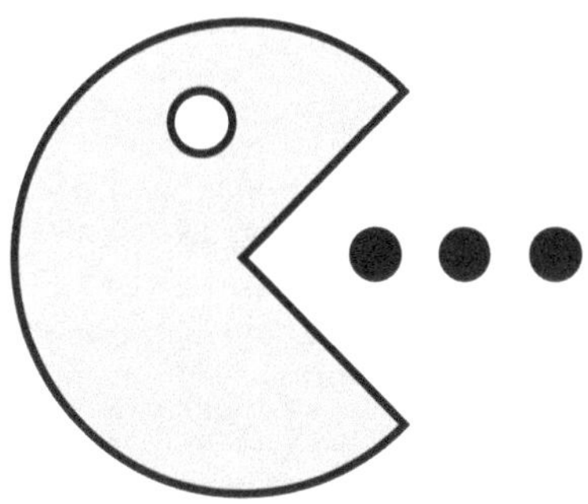

Categoria: Record

1. Il singhiozzo più lungo del mondo è durato 68 anni. Nel 1922, Charles Osborne ebbe il singhiozzo e non se ne andò più.

2. La barba più lunga del mondo è lunga 2.495 metri e appartiene a Sarwan Singh del Canada.

3. Il castello di sabbia più grande del mondo è alto 21,16 metri. È stato costruito in Danimarca utilizzando 4.860 tonnellate di sabbia.

4. Il tedesco Thomas Jeromin ha allestito nel suo appartamento ben 444 alberi di Natale decorati.

5 La torta più lunga del mondo era lunga 734,08 metri ed è stata preparata dagli studenti della Philipp-Reiss-Schule di Lichtenberg.

6 Lo spiedino di kebab più pesante del mondo pesava 423,5 chilogrammi ed è stato realizzato a Berlino nel 2017.

7 Il record di trattenimento del respiro è di 19 minuti e 21 secondi. Lo svizzero Peter Colat ha stabilito questo record nel 2010.

8 L'italiano Tazio Gavioli ha fatto il maggior numero di trazioni con i mignoli. Ne ha fatte esattamente 36, tenendosi alla sbarra solo con le dita.

9 Il giapponese Kenichi Ito ha bisogno di 15,71 secondi per correre i 100 metri a quattro zampe. Detiene il record mondiale per la corsa più veloce su mani e piedi.

10 Charlotte Lee ha la più grande collezione di papere di gomma al mondo. Possiede 5.361 anatre di gomma diverse.

11 La DJ più anziana del mondo è una donna e ha 85 anni. DJ Sumirock suona a Tokyo.

12 Le unghie più lunghe sono 8,65 metri e appartengono a Lee Redmond dagli Stati Uniti.

Categoria: leggi assurde

1. In Bhutan, il fratello minore non può fare sesso se il fratello maggiore è vergine.

2. Alle Hawaii è illegale mettersi delle monete nell'orecchio.

3. A Detroit, nel Michigan, agli uomini è vietato guardare le mogli con gli occhi storti la domenica.

4. In Svizzera è vietato tirare lo sciacquone dopo le 22.00 per non disturbare i vicini.

5. A Singapore, le gomme da masticare sono consentite solo dietro prescrizione medica.

6. A Dubai le coppie non possono baciarsi o tenersi per mano in pubblico.

7. Negli Stati Uniti le uova a sorpresa sono vietate. Il motivo è quello di proteggere i bambini dall'ingestione di piccoli giocattoli.

8. In Germania puoi guidare un'auto nuda, ma non puoi scendere dall'auto nudo.

9 In Thailandia è vietato stare in piedi sui soldi. Questo perché sulle banconote è raffigurato il re.

10 In Grecia, se metti il sedere nudo fuori da un'auto, vai in prigione.

11 A Singapore, chi dimentica di tirare lo sciacquone dopo averlo usato può essere multato.

12 A Venezia è vietato nuotare nelle fontane di qualsiasi tipo.

1.Edition

Printed in Poland
by Amazon Fulfillment
Poland Sp. z o.o., Wrocław

32805856R00067